AF343123

JUGEMENT
DU CONSEIL DE GUERRE
TENU PAR ORDRE DU ROI,
À L'HÔTEL ROYAL DES INVALIDES.

Du 12 Octobre 1773.

DE PAR LE ROI.

LE Conseil de guerre assemblé à l'Hôtel royal des Invalides, par ordre de Sa Majesté, du 8 Juin 1773, composé de nous, LOUIS-ANTOINE DE GONTAUT DUC DE BIRON, Pair & Maréchal de France, Président; Antoine-Chrétien, Comte de Nicolay; François-Gaston, Marquis de Levis; François-Henri d'Harcourt, Comte de Lillebonne, Lieutenans généraux de ses Armées: Jean-Joseph Sahuguet, Baron d'Espagnac; Antoine-Marie, Comte d'Apchon; Jean-François, Comte de Narbonne-Pellet; Pierre-Bonaventure Vilien de Bréande, Maréchaux-de-camp: Joseph-Étienne

A

Chevalier du Puget, faisant les fonctions de Procureur du Roi audit Conseil de guerre, Lieutenant-colonel du Corps royal de l'Artillerie.

Vu l'ordre du Roi susdaté, *portant* que lors de la réforme des armes, faite en 1767, 1768, 1769 & 1770, par le sieur de Bellegarde, Lieutenant-colonel au Corps royal de l'Artillerie, & Inspecteur de la Manufacture d'armes de Saint-Étienne, de plus de quatre cents soixante-douze mille armes dans les arsenaux de Sa Majesté, parmi lesquelles il s'en trouvoit plus de trois cents soixante-six mille neuves, censées neuves, bonnes ou susceptibles d'être réparées ; lesdites armes ont été livrées au sieur de Montieu, Entrepreneur, à des prix fort au-dessous de leur valeur réelle, ainsi qu'une quantité considérable de métaux.

Que Sa Majesté avoit cru, avant de punir, qu'il étoit de sa justice de faire constater par les vérifications faites en vertu de ses ordres, par les Directeurs de l'Artillerie, par les Commandans & Officiers-majors des places dans lesquelles le sieur de Montieu avoit formé des dépôts, un nombre considérable d'armes mises à cette époque sous la main du Roi, en exécution de ses ordres.

Que la facilité donnée à l'Entrepreneur, de faire transporter une partie desdites armes à sa manufacture de Saint-Étienne, lui a procuré les moyens de fournir dans les arsenaux de Sa Majesté de vieilles armes pour neuves, ce qui a été constaté par les procès-verbaux de vérification, dressés en vertu des ordres du Roi.

Que la mauvaise foi a régné dans cette opération, tant de la part de l'Inspecteur, que de celle de l'Entrepreneur.

3

QUE l'abus de confiance & d'autorité donnée au sieur de Bellegarde, le dommage qui s'en est ensuivi pour les intérêts & le service de Sa Majesté, & la nécessité de prévenir de pareilles malversations, exigent qu'il soit rendu sur cette affaire, un jugement sévère & authentique.

Vu les plaintes du Procureur du Roi, rendues en conséquence les 26 juin & 5 juillet, tendantes à ce que les sieurs de Bellegarde & de Montieu fussent arrêtés & constitués prisonniers.

Vu les jugemens du Conseil de guerre des 26, 28 & 30 juin, 5, 7, 9 & 26 juillet, portant qu'il sera informé.

Vu l'ordre du Roi du 21 juillet, donnant pouvoir audit Conseil, d'étendre son jugement sur les Officiers ou autres gens de guerre, qui pourroient se trouver inculpés dans les délits desquels le sieur de Bellegarde est prévenu, ledit ordre enregistré le 26 du mois de juillet.

Vu le jugement du Conseil de guerre du 26 dudit mois, par lequel il ordonne qu'une requête du sieur de Bellegarde, présentée audit Conseil ledit jour, tendante à établir les motifs de récusation du sieur de Picques, Procureur du Roi, sera adressée au Ministre, pour prendre les ordres de Sa Majesté à cet égard.

Vu l'ordre du Roi du 2 août, *portant que* la délicatesse personnelle du sieur de Picques l'ayant déterminé à demander la cessation de ses fonctions, Sa Majesté a approuvé qu'il s'en démît : Que faisant droit à la demande du sieur de Bellegarde, & ayant égard à celle du sieur de Picques, Elle a établi son Procureur audit Conseil de guerre, au lieu

& place du sieur de Picques, le sieur Chevalier du Puget, Lieutenant-colonel au Corps royal de l'Artillerie, pour continuer lesdites fonctions, comme auroit fait le sieur de Picques; Sa Majesté validant, en tant que de besoin est ou seroit, tout ce qui a pu être fait par ledit sieur de Picques antécédemment au 26 du mois de juillet.

Vu les jugemens dudit Conseil des 2 & 9 août, portant qu'il sera informé.

Vu le jugement dudit Conseil du 16 dudit mois, à l'effet de supplier le Roi de vouloir bien lui accorder une extension de pouvoir, à l'effet de juger le sieur Montieu, inculpé d'une manière indivisible dans les délits desquels le sieur de Bellegarde est prévenu.

Vu les Lettres patentes, *portant* attribution, en tant que besoin est ou seroit, audit Conseil, pour instruire, faire & parfaire le procès du sieur Montieu, conjointement avec celui du sieur de Bellegarde, attendu l'indivisibilité du délit qui leur est commun, & pour lequel ils sont inculpés; le tout en la forme & manière qui s'observe dans les Conseils de guerre; lesdites Lettres patentes données à Compiegne le 19 août, & enregistrées au Conseil de guerre le 20 dudit mois.

Vu la plainte du Procureur du Roi, en conséquence desdites Lettres d'attribution, du 20 dudit mois, à l'effet de faire arrêter & constituer prisonnier le sieur Montieu.

Vu les Jugemens du Conseil de guerre, des 20 & 27 août, 3 & 9 septembre, portant qu'il sera informé.

Vu les lettres des Ministres, Mémoires & autres pièces

remises par les sieurs de Bellegarde & Montieu au greffe dudit Conseil.

Vu les minutes des lettres du Ministre de la guerre, adressées au sieur de Bellegarde les 30 juin & 22 novembre 1767, 22 juillet 1768, 31 juillet & 24 septembre 1769; les circulaires adressées aux Directeurs de l'Artillerie, dans les différens départemens du royaume, les 22 novembre 1767, 22 juillet 1768 & 31 juillet 1769; celles adressées au sieur de Montieu, les 30 juin & 22 novembre 1767, 22 juillet 1768 & 31 juillet 1769, par lesquelles il appert: « Que les « pouvoirs donnés par le Roi au sieur de Bellegarde étoient, « depuis l'époque du 22 novembre 1767 jusqu'à celle du 24 « septembre 1769, de réformer seul, d'apprécier & de faire « délivrer par les Officiers des places, au sieur Montieu, les « armes d'ancien modèle qui exigeroient une réparation de « trois livres & au-dessus: Depuis l'époque du 24 septembre « 1769 jusqu'au 15 juin 1770, de réformer les fusils de rempart, « même neufs, de calibre irrégulier, & les autres armes qui « exigeroient une réparation de cinq livres & au-dessus: Que « les pouvoirs donnés aux Directeurs & autres Officiers des « places, étoient de se concerter avec le sieur de Bellegarde, « pour insérer dans le même état, les armes mises hors de « l'entretien par eux avant l'arrivée du sieur de Bellegarde, & « celles réformées par le sieur de Bellegarde, cet Officier étant « chargé de l'appréciation & estimation de la totalité desdites « armes: Que les pouvoirs donnés par le Ministre au sieur « Montieu, étoient de recevoir les vieilles armes réformées, « d'après l'appréciation qu'en seroit le sieur de Bellegarde, y « compris, à l'époque du 24 septembre 1769, les fusils de « rempart, même neufs, de calibre irrégulier. »

A iij

Vu la soumiſſion du ſieur Montieu, du 29 avril 1767, par laquelle il s'oblige de recevoir les vieilles armes réformées ſur l'eſtimation qui en ſera faite :

Vu la soumiſſion du ſieur Montieu, du 19 août 1769, par laquelle il s'oblige de recevoir les vieux canons, mortiers de fonte hors de ſervice & autres matières de la même eſpèce, qui ſe trouvent dans les Arſenaux du royaume, leſquels lui ſeront délivrés à raiſon de quinze ſous la livre poids de marc :

Vu les pièces jointes au procès, concernant les remiſes & ventes qui ont été faites au ſieur Montieu deſdits vieux canons, mortiers & autres matières de la même eſpèce :

Vu le Mémoire ſans date du ſieur de Bellegarde, & de ſa main, par lequel il propoſe la réforme des vieilles armes ſans s'aſſujettir à l'ancien uſage de les briſer.

Vu la réponſe du ſieur de Gribeauval au ſieur Dubois, du 23 mai 1767, par laquelle « il lui donne ſon avis ſur la » propoſition faite par le ſieur de Bellegarde, de réformer les » armes entières, en approuve les motifs, & fait ſentir la » néceſſité de charger le ſieur de Bellegarde, ou un Officier » intelligent, de la totalité de cette opération, attendu que ſi » elle étoit exécutée par les différens Directeurs de l'Artillerie, » qui s'y connoiſſent peu, la réforme ſeroit imparfaite ou outrée, & l'eſtimation mal faite. »

Vu la réponſe du ſieur de Gribeauval au ſieur Gayot, du 25 mai 1770, au ſujet des repréſentations des Officiers du Corps-royal, ſur la manière dont la réforme avoit été exécutée, & par laquelle il appert « que cet Officier général, en juſtifiant » la réforme faite par le ſieur de Bellegarde, attribue les réclama-

tions des Officiers de l'Artillerie aux prétentions mal fondées de «
leurs connoissances en cette partie, en observant que si on s'en «
étoit rapporté aux Officiers supérieurs & particuliers des places, «
on auroit peut-être conservé trois cents mille armes de plus. »

Vu les inventaires des armes avec leurs qualifications, existans, en 1767, dans chacune des places de la direction de Grenoble, & dans chacune des places de la direction d'Auxonne, même année : Vu les inventaires existans dans chacune des places de la direction de Marseille, en 1768; dans chacune des places de la direction de Caen, même année; dans chacune des places de la direction du Havre, même année; dans chacune des places de la direction de Nantes, même année; dans chacune des places de la direction de la Rochelle, même année : Vu les inventaires existans dans chacune des places de la direction de Bordeaux, en 1769; dans chacune des places de la direction de la Fère, même année; dans chacune des places de la direction de Douai, même année; dans chacune des places de la direction de Valenciennes, même année; dans chacune des places de la direction de Saint-Omer, même année; dans chacune des places de la direction de Dunkerque, même année; dans chacune des places de la direction de Lille, même année : Vu les inventaires existans dans chacune des places de la direction de Nanci, en 1770; dans chacune des places de la direction de Givet, même année; dans chacune des places de la direction de Metz, même année; dans chacune des places de la direction de Landau, même année; dans chacune des places de la direction de Strasbourg, même année; dans chacune des places de la direction d'Huningue, même année :

Par lesquels inventaires « il appert de la qualité & quantité

A iiij

» des armes, sur lesquelles l'opération de la réforme s'est faite dans les années susdites. »

Vu les procès-verbaux des armes réformées & appréciées par le sieur de Bellegarde ; savoir. En 1767, dans chacune des places de la direction de Grenoble, lesdits procès-verbaux datés des 1er, 16, 23, 26 & 29 septembre, 5 octobre, 18 & 22 janvier 1768. En 1767, dans chacune des places de la direction d'Auxonne, le 27 novembre 1767. En 1768, dans chacune des places de la direction de Marseille, lesdits procès-verbaux datés des 20 & 28 février, 1er, 6, 9, 18 & 21 mars ; même année , dans chacune des places de la direction de Caen, lesdits procès-verbaux des 18 & 22 septembre ; même année, dans chacune des places de la direction du Havre, lesdits procès-verbaux des 3 & 11 septembre ; même année, dans chacune des places de la direction de Nantes , lesdits procès - verbaux datés des 8 , 18 & 29 octobre & du 9 novembre ; même année , dans chacune des places de la direction de la Rochelle , lesdits procès - verbaux datés des 24 novembre, 5 , 7 & 30 décembre. En 1769, dans chacune des places de la direction de Bordeaux, lesdits procès-verbaux datés des 3 , 4 , 9 & 29 janvier ; même année , dans chacune des places de la direction de la Fère, lesdits procès-verbaux datés des 26 août, 3 & 7 septembre ; même année, dans chacune des places de la direction de Douai, lesdits procès - verbaux datés des 22 & 24 septembre, 2 & 14 octobre ; même année, dans chacune des places de la direction de Valenciennes, lesdits procès-verbaux datés des 26 & 28 octobre, 7 & 9 décembre ; même année, dans chacune des places de la direction de Saint-Omer, lesdits procès-verbaux datés des 3, 5, 7, 9 & 22 novembre ; même année, dans chacune des places de la direction de Dunkerque, lesdits procès-verbaux datés des 13, 15, 17, 18 & 19 novembre; même année, dans chacune des places de la direction de Lille, lesdits procès-verbaux datés des 24, 25, 27 & 28 novembre, & 4 décembre. En 1770, dans chacune des places de la direction de Nanci, lesdits procès-verbaux datés des 20 janvier, 26 & 28 février, 11, 14 & 18 mars; même année, dans chacune des places de la direction de Givet, lesdits procès-verbaux datés des 6, 9, 13 & 17 février; même année, dans chacune des places de la direction de Metz, lesdits procès-verbaux datés des 6 mars, 1er, 8 & 12 avril; même année, dans chacune des places de la direction de Landau, lesdits procès-verbaux datés des 6, 17, 24 & 30 avril, & 21 mai; même année, dans chacune des places de la direction de Strasbourg, lesdits procès-verbaux datés des 17, 25 & 30 mai; même année, dans chacune des places de la direction d'Huningue, lesdits procès-verbaux datés des 10 & 15 juin.

Par lesquels procès-verbaux il appert: « Que sur les quatre cents soixante-douze mille cent cinquante-quatre armes environ de réformées dans les places du royaume en 1767, 1768, 1769 & 1770, le sieur de Bellegarde en a désigné pour être délivrées à l'Entrepreneur, cent quatre mille cent dix-sept à la ferraille à six sous pièce; deux cents soixante-quinze mille neuf cents vingt-trois à dix sous pièce, comme crevées, éventées ou mal partagées; quarante-sept fusils neufs d'Officiers, à quarante-cinq sous pièce; soixante-seize *idem* neufs à trois livres pièce; soixante-sept mille deux cents quatre-vingt-un fusils de Soldats à vingt sous; neuf mille trois cents quatre-vingt-dix à vingt-cinq sous, & quinze mille cinq cents soixante-huit à trente sous pièce. »

A v

» & provenant de la réforme, il s'en est trouvé quarante mille
» trois cents vingt-cinq qui n'exigeoient aucunes réparations,
» dont vingt-six mille deux cents quarante-un fusils de rempart
» de tout calibre; treize mille neuf cents quarante-sept fusils
» de Soldats, soixante-seize de Dragons & soixante-un mous-
» quetons & carabines. Il s'est trouvé soixante-deux mille quatre
» cents soixante-quatre armes, dont les réparations exigeoient
» la somme de vingt-six sous environ pour chaque arme l'une
» dans l'autre, dont trente-huit mille deux cents soixante fusils
» de rempart de tout calibre, vingt-trois mille deux cents quatre-
» vingt-treize fusils de Soldats, trois cents quatre-vingt-dix
» fusils de Dragons, & cinq cents vingt-un mousquetons &
carabines. »

Vu le procès-verbal fait à Metz le 26 juin 1773, pour
constater le nombre d'armes prises au hasard dans le nombre
de celles insérées dans les procès-verbaux de vérification; ledit
procès-verbal signé des mêmes Officiers supérieurs & autres
qui ont présidé auxdites vérifications, lesquelles armes envoyées à l'Hôtel royal des Invalides, revêtues de bandes de
papier, sur lesquelles se trouvent les signatures & les cachets
des Officiers susdits, ont été présentées aux sieurs de Bellegarde & de Montieu co-accusés, de même que celles recon-
nues par le récollement du sieur de Belloy sus-désigné, du
17 septembre 1773, envoyées & provenant de la vérification de Valenciennes, revêtues de bandes de papier, où se
trouvent les signatures des Officiers qui les ont prises au
hasard dans celles vérifiées par eux, & leurs cachets y étant
apposés; lesdites armes ayant été présentées aux sieurs de
Bellegarde & de Montieu co-accusés:

Vu la lettre écrite de la main du sieur Montieu, datée

de Grenoble le 15 septembre 1767, au sieur Jourgeon son associé à Saint-Étienne, par laquelle il lui marque « avoir reçu vingt mille armes, la plupart neuves, provenant de la réforme « en 1767, pour lesquelles il demande le secret à son associé, « en l'assurant que c'est une affaire excellente, & qu'il l'aimera « bien s'il ne parle pas; » ladite lettre présentée au sieur de Montieu & reconnue par lui.

Vu le registre original de la salle de Lyon, commencé le 7 août 1759 jusqu'au mois d'avril 1773, qui constate le nombre d'armes neuves, du modèle léger, envoyées de la manufacture de Saint-Étienne à la salle de Lyon, depuis le mois de janvier 1767 jusques & compris le mois de janvier 1773 : Vu l'envoi fait de la salle de Lyon, de dix mille desdites armes au Fort-Barraux, de quinze mille à Grenoble & citadelle, au mois d'octobre 1772, & de trois mille sept cents soixante-seize, à la même époque au Fort-Louis du Rhin.

Vu les procès-verbaux de vérification desdites armes, faits au Fort-Barraux le 8 décembre 1772 ; à Grenoble, le 29 janvier 1769 ; à la citadelle, le 28 février même année, & au Fort-Louis du Rhin, le 24 décembre 1772. Lesdites vérifications faites par ordre du Roi, par les Officiers y commandant l'artillerie, & Armuriers-experts nommés à cet effet:

Vu les procès-verbaux de vérification, dressés de nouveau par les Commissaires des guerres y dénommés, au Fort-Barraux, le 27 août 1773 ; à Grenoble, le 26 août 1773 ; à la citadelle, le même jour, & au Fort-Louis du Rhin, le 27 août 1773. Lesdites vérifications constatées de nouveau par les mêmes Officiers qui ont présidé à celles faites par ordre du Roi, en vertu du Jugement du Conseil de guerre du 26 juillet.

Par lesquels procès-verbaux de vérifications faites par ordre du Roi, & par Jugement du Conseil de guerre, il appert : « Que sur vingt-huit mille sept cents soixante-seize » fusils du modèle léger, envoyés neufs à Grenoble & citadelle, » Fort-Barraux & Fort-Louis du Rhin, & provenant de la fabri- » cation de la manufacture de Saint-Étienne, il s'en est trouvé » un tiers environ, dont les canons portent, dans leur intérieur, » sur leur extérieur, dans leur culasse, & par leur poids, des marques de leur vétusté. »

Vu le procès-verbal du 16 février 1773, fait au Fort-Louis du Rhin, par les Officiers qui ont présidé à la vérification ordonnée par le Roi, lequel constate le nombre d'armes prises au hasard parmi celles comprises dans les vérifications susdites ; lesquelles armes ont été envoyées à l'Hôtel Royal des Invalides, portant sur leurs crosses des bandes de papier, sur lesquelles se trouvent les signatures des Officiers, & l'apposition de leurs cachets ; lesdites armes ayant été présentées aux sieurs de Bellegarde & Montieu, co-accusés :

Vu les vérifications faites des armes envoyées à l'Hôtel Royal des Invalides, ainsi qu'il a été détaillé ci-dessus, tant de celles provenant de la réforme, que de celles provenant de la fourniture du sieur Montieu, comme armes neuves du modèle léger. Lesdites vérifications faites par Jugement du Conseil de guerre du 28 juin, par les Contrôleurs des manufactures de Charleville & Maubeuge, en présence du sieur de Breande, Commissaire nommé par le Conseil de guerre à cet effet, datées dudit jour :

Vu les vérifications faites de nouveau desdites armes, par les nommés Puiforcat, seul titré Arquebusier du Roi ; &

Croisier, maître Arquebusier à Paris, en présence du Conseil de guerre assemblé, qui les avoit commis & mandés à cet effet, le 3 septembre; lesdites vérifications constatées par les signatures desdits Puiforcat & Croisier, de chacune de celles des Juges du Conseil de guerre, & datées dudit jour.

Par lesquelles il appert, « que les armes provenant de la réforme ont été jugées neuves, bonnes, ou vendues très « au-dessous de leur valeur réelle, & que celles neuves prove- « nant de la fourniture du sieur Montieu, du modèle léger, « sont fabriquées avec des canons jugés vieux par les Experts « susnommés. »

Vu les procès-verbaux de vérifications, faits en vertu du Jugement du Conseil de guerre & des ordres du Roi, du 26 juillet, par les Commissaires des guerres commis à cet effet, sous l'inspection des Officiers supérieurs & autres, & des Experts dans les places désignées ci-après, du nombre d'armes, du modèle léger, sorties de la manufacture de Saint-Étienne, & marquées sur leur tonnerre de l'année 1765 : savoir, lesdits procès-verbaux dressés à Strasbourg le 7 août 1773; à la citadelle de Strasbourg & au Fort-Louis du Rhin le 3 août; à Lyon, le 6 août, à Marseille, le 9 août; au fort Saint-Jean de Marseille, le 10 août; à Toulon, le 10 août; à Grenoble, le 30 août; au Fort-Barraux, le 7 août.

Par lesquels il appert : « Que sur le nombre des armes du modèle léger, sorties de la manufacture de Saint-Étienne « depuis l'année 1765, jusqu'à celle de 1770 exclusivement, « il s'en trouve quatre-vingt-dix mille marquées de la seule « année 1765. »

Vu les registres de la salle de Lyon, par lesquels il appert :

« Que ladite manufacture ne peut fabriquer que vingt-cinq à trente mille armes par an. »

Vu le règlement du Roi, du 7 octobre 1766, qui établit le modèle léger actuel, par lequel il appert : « Que les » armes fabriquées dans les manufactures d'armes, doivent » porter l'empreinte sur leur tonnerre des deux chiffres de » l'année de leur fabrication, afin que Sa Majesté puisse reconnoître l'Inspecteur de la manufacture qui les aura reçues. »

Vu la déclaration du 13 septembre 1773, faite par le sieur Chevalier Dagoult, Officier employé à la manufacture de Saint-Étienne, aux Commissaires du Conseil de guerre, & réitérée au Conseil de guerre assemblé, où il a été mandé à cet effet; par laquelle il appert :

« Que n'y ayant point de salles aux armes à Saint-Étienne, » ni de garde d'Artillerie préposé par le Roi pour les recevoir, » lesquelles sortent des mains des Officiers chargés de leur inspection, les Officiers d'Artillerie, les Contrôleurs & Reviseurs » de la Manufacture ne peuvent être responsables des abus, de » quelque maniere qu'ils puissent exister, pendant que lesdites armes sont à Saint-Étienne après avoir été inspectées. »

Vu le procès-verbal d'enquête, fait par le sieur Chevalier de Voisins, Brigadier des armées du Roi; le sieur de Launay, Commissaire des guerres, & autres Officiers commis en vertu du jugement du Conseil de guerre & les ordres du Roi du 26 juillet, contenant les déclarations de cent personnes entendues à Saint-Étienne.

Vu les informations faites à Paris par-devant les Commissaires du Conseil, & les témoins ouïs les 13, 14, 15 & 19 juillet, 3, 6 & 7 août, 7, 9 & 13 septembre.

17

Vu les interrogatoires faits au sieur de Bellegarde, contenant les représentations des pièces servant à conviction, les 9, 10, 14, 15, 19, 22 & 24 juillet; 7, 11, 17 & 21 août; 6, 10, 13 & 14 septembre. Vu les interrogatoires faits au sieur Montieu, contenant les représentations des pièces servant à conviction, les 21, 23, 26, 28 & 30 août; 4 & 14 septembre.

Vu les récollemens des interrogatoires des sieurs de Bellegarde & Montieu, faits le 30 septembre, les confrontations respectives des sieurs de Bellegarde & de Montieu, du 30 septembre; les récollemens des dépositions des témoins, des 17 & 18 septembre; les confrontations desdits témoins aux sieurs de Bellegarde & de Montieu, les 1.er 2 & 4 octobre, lesdits récollemens & confrontations faits en vertu du jugement du Conseil de guerre, du 6 septembre.

Ouï les conclusions du Procureur du Roi, du 11 octobre, le dernier interrogatoire subi par le sieur de Bellegarde ledit jour, & celui par le sieur Montieu cejourd'hui, en présence du Conseil de guerre : le tout bien considéré, le Conseil de guerre

DÉCLARE les sieurs de Bellegarde & Montieu son beau-frère, dûment atteints & convaincus, d'avoir commis, de concert, l'un en sa qualité d'Inspecteur & de Réformateur, l'autre en sa qualité d'Entrepreneur & de Fournisseur de manufacture d'armes, pour le service des troupes de Sa Majesté, les abus & prévarications mentionnées au procès. Pour réparation de quoi

CONDAMNE le sieur Alexandre Cassier de Bellegarde à être cassé, le déclare incapable de servir le Roi dans les troupes de Sa Majesté; le condamne en outre à vingt ans & un jour de prison.

DÉCLARE le sieur Jean-Joseph Carrier de Montieu, incapable de faire aucune fourniture d'armes & autres dans les Arsenaux, pour les troupes & pour le service de Sa Majesté.

ORDONNE, pour le Roi, que les cent quatre-vingts mille armes, provenant de la réforme, & tirées du dépôt dudit Entrepreneur, pour être mises sous la main de Sa Majesté, resteront dans les Arsenaux. ORDONNE qu'il sera tenu compte au sieur de Montieu, de la valeur desdites armes, sur le pied qu'elles lui ont été remises en conséquence de la réforme & appréciation faite par le sieur de Bellegarde. ORDONNE pareillement que sur les vingt-huit mille sept cents soixante & seize armes, du modèle léger, fixé en 1766, fournies au Roi comme neuves, par le sieur de Montieu, lesquelles ont été envoyées de la salle de Lyon au mois d'octobre 1772, dans les Arsenaux de Grenoble, citadelle de Grenoble, Fort-Barraux & Fort-Louis du Rhin, celles dont les canons ont été reconnus vieux, ou défectueux, d'après les procès-verbaux mentionnés au procès : savoir, trois mille cent à Grenoble, dix-sept cents soixante & dix à la citadelle de Grenoble, quatorze cents quarante au Fort-Barraux, & trois mille sept cents quarante-six au Fort-Louis du Rhin, faisant au total dix mille cinquante-six, seront brisées en présence des personnes chargées par le sieur de Montieu de les recevoir. ORDONNE que les parties restantes desdites armes, seront remises aux préposés dudit Entrepreneur, ainsi que les canons brisés, à la charge par le sieur de Montieu de remplacer la valeur desdites armes, sur le pied qu'il les a livrées à Sa Majesté dans les arsenaux susdits; & jusqu'à ce qu'il y ait été satisfait, condamne le sieur de Montieu à tenir prison.

Sur l'accusation concernant la livraison, estimation & vente des cuivres & métaux, ledit Conseil a mis & met les sieurs de Bellegarde & de Montieu hors de cour.

Le Conseil de guerre met sa sentence sous les yeux du Roi, & attend les ordres de Sa Majesté pour son exécution. FAIT à l'Hôtel royal des Invalides, le douze octobre mil sept cent soixante-treize. *Signé* LE MARÉCHAL DUC DE BIRON, LE COMTE DE NICOLAY, LE MARQUIS DE LEVIS, HARCOURT DE LILLEBONNE, LE BARON D'ESPAGNAC, D'APCHON, NARBONNE, BREANDE, DU PUGET, & ROUSSIERE.

Le ROI ayant approuvé le Jugement ci-dessus, il a été exécuté le 14 octobre 1773.